Método FAB: como transformar características em benefícios que geram vendas

Copyright © 2024 Reginaldo Osnildo
Todos os direitos reservados.

APRESENTAÇÃO

INTRODUÇÃO AO MÉTODO FAB: FUNDAMENTOS PARA VENDAS IMPACTANTES

FEATURES (CARACTERÍSTICAS): A BASE DO SEU PRODUTO OU SERVIÇO

ADVANTAGES (VANTAGENS): DIFERENCIANDO-SE DA CONCORRÊNCIA

BENEFITS (BENEFÍCIOS): CONECTANDO COM AS NECESSIDADES DO CLIENTE

APLICANDO FAB EM DIFERENTES CENÁRIOS DE VENDA

COMUNICAÇÃO EFICAZ USANDO FAB

SUPERANDO OBJEÇÕES COM O MÉTODO FAB

FERRAMENTAS E RECURSOS PARA APRIMORAR SUA ESTRATÉGIA FAB

INTEGRANDO FAB NA JORNADA DO CLIENTE

DESENVOLVIMENTO CONTÍNUO: APERFEIÇOANDO SUA ABORDAGEM FAB

PLANO DE AÇÃO DE 30 DIAS PARA IMPLEMENTAÇÃO DO FAB

REGINALDO OSNILDO

APRESENTAÇÃO

Bem-vindo ao livro "**Método FAB: como transformar características em benefícios que geram vendas**", um guia definitivo projetado especialmente para você, profissional de vendas, que busca não apenas compreender a fundo os produtos ou serviços que oferece, mas principalmente, como apresentá-los de forma que destaquem o valor incomparável que entregam aos seus clientes.

Neste livro, convido você a embarcar em uma jornada de descoberta e aprimoramento. Vamos juntos desvendar o método FAB (Features, Advantages, Benefits) e explorar como a transformação de características em benefícios pode ser uma estratégia poderosa para convencer clientes. Mas não pararemos por aí. Este guia é uma ponte para o futuro das vendas, adaptando princípios testados pelo tempo às exigências e oportunidades do mercado atual.

Ao longo das páginas que se seguem, você será introduzido a conceitos fundamentais, estratégias práticas e histórias inspiradoras de sucesso. Cada capítulo foi cuidadosamente elaborado para se completar, oferecendo uma compreensão completa do método FAB e como aplicá-lo em diferentes cenários de venda, seja você um veterano nas trincheiras das vendas B2B ou alguém que encanta clientes diretamente no B2C.

Por que este livro é para você? Porque você entende que o mundo das vendas está em constante evolução. Os clientes de hoje são mais informados, exigentes e têm acesso a uma gama sem precedentes de opções. Nesse contexto, destacar-se significa ir além das características técnicas ou das vantagens competitivas superficiais. Significa conectar-se profundamente às necessidades, desejos e sonhos dos seus clientes, transformando cada interação em uma oportunidade de proporcionar valor genuíno.

Ao aplicar os insights e técnicas aqui compartilhados, você não apenas ampliará suas habilidades de venda, mas também se posicionar como um consultor de confiança, alguém que entende verdadeiramente os desafios e aspirações dos seus clientes e sabe como alinhar suas ofertas para atender a essas necessidades de maneira eficaz.

Este livro é um convite para que você mergulhe no universo FAB, enriquecendo sua abordagem de vendas e, por consequência, alavancando seus resultados de maneira substancial. Estou ansioso para guiá-lo através de cada capítulo, desde a introdução dos fundamentos até a implementação prática do método FAB, culminando em um plano de ação de 30 dias que transformará seu processo de vendas.

Prepare-se para transformar características em benefícios vencedores, superar objeções com confiança e criar conexões mais profundas com seus clientes. Está pronto para começar? O próximo capítulo, **"INTRODUÇÃO AO MÉTODO FAB: FUNDAMENTOS PARA VENDAS IMPACTANTES"**, é o primeiro passo nessa jornada transformadora. Nele, exploraremos a base sobre a qual construiremos nosso conhecimento e prática, estabelecendo o alicerce para vendas mais eficazes e significativas. Vamos juntos?

Atenciosamente

Prof. Dr. Reginaldo Osnildo

INTRODUÇÃO AO MÉTODO FAB: FUNDAMENTOS PARA VENDAS IMPACTANTES

Seja muito bem-vindo a este primeiro capítulo oficial de nossa jornada. Aqui, vamos mergulhar no universo do método FAB (Features, Advantages, Benefits), uma abordagem estratégica que tem transformado a maneira como produtos e serviços são apresentados e vendidos em todo o mundo. Este método não é apenas uma técnica de vendas, mas uma filosofia de comunicação que coloca as necessidades e desejos do cliente no centro da narrativa de vendas.

ENTENDENDO O FAB

- Features (Características): Referem-se às propriedades ou atributos de um produto ou serviço. São os aspectos técnicos, como materiais, tecnologia empregada, design, entre outros.

- Advantages (Vantagens): As vantagens são o que essas características fazem; como elas tornam o produto ou serviço superior em comparação com as alternativas disponíveis no mercado.

- Benefits (Benefícios): Os benefícios são o valor real que o cliente ganha ao utilizar o produto ou serviço. Eles respondem à pergunta essencial: "Como isso vai melhorar a minha vida ou resolver o meu problema?"

POR QUE FAB É CRUCIAL PARA VENDAS IMPACTANTES?

No coração do método FAB está a compreensão de que os clientes fazem compras baseadas não somente em especificações técnicas ou na superioridade de um produto, mas na capacidade desse produto ou serviço de satisfazer suas necessidades ou resolver seus problemas. Em um mundo saturado de opções, destacar-se significa conectar-se emocional e pragmaticamente com seus clientes, mostrando claramente o valor que você traz para suas vidas.

TRANSFORMANDO CARACTERÍSTICAS EM VANTAGENS E BENEFÍCIOS

A beleza do método FAB reside na sua simplicidade e poder de transformação. Começamos com as características, que são frequentemente o foco inicial de desenvolvimento de produtos. No entanto, para o cliente, essas características por si só pouco significam até que sejam traduzidas em vantagens e, finalmente, em benefícios tangíveis.

Por exemplo, se você está vendendo um smartphone com uma câmera de alta resolução (característica), a vantagem pode ser a capacidade de capturar imagens claras e detalhadas em diversas condições de iluminação. O benefício, por sua vez, é a capacidade de preservar momentos importantes da vida com qualidade profissional, permitindo ao cliente reviver essas memórias ou compartilhá-las com entes queridos.

ADAPTANDO O FAB ÀS NECESSIDADES DO CLIENTE

O verdadeiro poder do FAB vem da sua flexibilidade e capacidade de adaptação. Dependendo das necessidades específicas e do contexto do seu cliente, a mesma característica pode ser apresentada de diferentes maneiras. Isso requer um entendimento profundo do seu cliente, uma escuta ativa e a habilidade de se colocar no lugar dele, antecipando suas necessidades, desejos e preocupações.

Ao longo deste capítulo, exploraremos em detalhe cada elemento do método FAB, fornecendo-lhe as ferramentas necessárias para aplicá-lo de forma eficaz. Você aprenderá a identificar e comunicar as características essenciais do seu produto ou serviço, destacar suas vantagens competitivas e, o mais importante, conectar essas vantagens às necessidades e desejos reais dos seus clientes.

Convido você agora a prosseguir para o próximo capítulo, **"FEATURES (CARACTERÍSTICAS): A BASE DO SEU PRODUTO OU SERVIÇO"**, onde mergulharemos profundamente no primeiro elemento do método FAB. Juntos, vamos descobrir como identificar e comunicar efetivamente as características do seu produto ou serviço, estabelecendo a base para uma proposta de valor sólida e irresistível. Você está pronto para transformar sua abordagem de vendas e criar conexões mais profundas e significativas com seus clientes? Vamos lá!

FEATURES (CARACTERÍSTICAS): A BASE DO SEU PRODUTO OU SERVIÇO

Neste capítulo, vamos aprofundar nossa compreensão sobre as características (Features) dos produtos ou serviços que você oferece. As características são os alicerces sobre os quais construímos a nossa proposta de valor. Elas são os dados concretos, as especificações técnicas, os atributos físicos ou os aspectos intangíveis que definem o que você está vendendo. No entanto, o desafio não reside apenas em identificar essas características, mas em comunicá-las de uma maneira que ressoe com o seu cliente, preparando o terreno para revelar as vantagens e, mais importante, os benefícios que essas características trazem.

IDENTIFICANDO AS CARACTERÍSTICAS DO SEU PRODUTO OU SERVIÇO

Comece fazendo um inventário completo das características do seu produto ou serviço. Isso inclui tudo, desde os materiais utilizados na produção, tecnologia incorporada, design, processo de serviço, até os métodos de entrega. Pergunte a si mesmo: O que faz o meu produto ou serviço ser o que ele é? Quais são os elementos tangíveis e intangíveis que o compõem?

COMUNICANDO CARACTERÍSTICAS DE FORMA EFETIVA

A comunicação efetiva das características é crucial. No entanto, é importante lembrar que o objetivo aqui não é simplesmente listar especificações técnicas ou atributos em uma linguagem que só especialistas entenderiam. O seu desafio é apresentar essas características de forma que mesmo alguém sem conhecimento técnico possa compreender o seu valor.

Por exemplo, ao invés de dizer que um computador possui 16GB de RAM, você poderia explicar como essa característica se traduz em uma experiência de uso mais rápida e eficiente para tarefas diárias ou para jogos. Isso prepara o terreno para conectar essa característica com as vantagens e benefícios que serão detalhados nos próximos capítulos.

POR QUE AS CARACTERÍSTICAS SÃO IMPORTANTES?

As características são importantes porque elas estabelecem a base da sua proposta de valor. Elas são o ponto de partida para qualquer discussão sobre o seu produto ou serviço. Sem um entendimento claro das características, é impossível destacar as vantagens ou os benefícios de forma significativa. As características são a matéria-prima a partir da qual as vantagens e benefícios são moldados.

A BASE PARA DIFERENCIAÇÃO

Além disso, as características oferecem a primeira oportunidade de diferenciar o seu produto ou serviço da concorrência. Ao identificar e comunicar claramente as características únicas do seu produto ou serviço, você estabelece um terreno sólido para argumentar por que o seu cliente deveria escolher a sua oferta em detrimento de outras no mercado.

Agora que você compreende a importância das características e como comunicá-las eficazmente, é hora de construir sobre essa base. No próximo capítulo, "**ADVANTAGES (VANTAGENS): DIFERENCIANDO-SE DA CONCORRÊNCIA**", vamos explorar como você pode destacar as vantagens que diferenciam seu produto ou serviço dos concorrentes, reforçando ainda mais a percepção de valor na mente dos seus clientes.

Estamos prestes a adentrar em uma etapa crucial onde as características que você tão cuidadosamente detalhou serão transformadas em argumentos persuasivos de venda. Preparado para dar o próximo passo e descobrir como suas características se traduzem em vantagens únicas no mercado? Então, venha comigo, pois esse conhecimento é a chave para desbloquear o verdadeiro potencial das suas vendas.

ADVANTAGES (VANTAGENS): DIFERENCIANDO-SE DA CONCORRÊNCIA

Após entendermos a importância das características de seu produto ou serviço no capítulo anterior, agora adentramos no território das vantagens (Advantages). Este capítulo é dedicado a explorar como podemos não apenas identificar, mas também comunicar as vantagens de sua oferta de forma que ela se destaque em um mercado competitivo. As vantagens são o elo entre as características e os benefícios, servindo como um diferencial crucial que posiciona seu produto ou serviço como a escolha preferencial dos clientes.

O QUE SÃO VANTAGENS?

Vantagens são os elementos que destacam seu produto ou serviço dos demais, baseando-se nas características identificadas anteriormente. São os aspectos que demonstram como as características do seu produto ou serviço são superiores ou oferecem algo único em comparação com a concorrência. As vantagens respondem à pergunta: "Por que o cliente deveria se importar com essas características?"

IDENTIFICANDO SUAS VANTAGENS

Para identificar suas vantagens, é essencial começar com uma análise detalhada do mercado e da concorrência. Pergunte-se:

- Quais características do meu produto ou serviço são únicas?

- Como essas características se comparam com as da concorrência?

- Em que aspectos meu produto ou serviço é superior?

Essa análise não apenas ajudará a identificar suas vantagens, mas também a comunicá-las de maneira que ressoe com seus clientes.

COMUNICANDO VANTAGENS COM EFICÁCIA

A chave para comunicar suas vantagens efetivamente é focar na relevância para o cliente. Cada vantagem deve ser apresentada de forma que o cliente perceba claramente o valor que ela traz para sua vida ou negócio. Por exemplo, se uma das características do seu produto é a durabilidade, a vantagem pode ser comunicada como a economia a longo prazo que o cliente terá por não precisar substituir o produto com frequência.

DIFERENCIAÇÃO ESTRATÉGICA

As vantagens oferecem uma oportunidade poderosa para diferenciar seu produto ou serviço da concorrência. No entanto, essa diferenciação só será eficaz se as vantagens forem significativas para o seu cliente. Isso requer um profundo entendimento das necessidades, desejos e pontos de dor dos seus clientes. Use este conhecimento para destacar vantagens que falam diretamente aos aspectos mais importantes para eles.

PREPARANDO O CAMINHO PARA OS BENEFÍCIOS

Ao estabelecer claramente as vantagens do seu produto ou serviço, você prepara o terreno para o próximo passo crucial: a comunicação dos benefícios. As vantagens servem como a ponte entre as características técnicas e o impacto real que seu produto ou serviço terá na vida do cliente.

Agora que compreendemos como destacar as vantagens do seu produto ou serviço, é hora de mergulhar na parte mais impactante da nossa jornada: os benefícios. No próximo capítulo, "**BENEFITS (BENEFÍCIOS): CONECTANDO COM AS NECESSIDADES DO CLIENTE**", exploraremos como traduzir as vantagens que discutimos em benefícios tangíveis e relevantes que ressoam diretamente com as necessidades e desejos do seu cliente.

Está pronto para transformar as vantagens do seu produto ou serviço em promessas de valor que capturam o coração e a mente dos seus clientes? Então, acompanhe-me no próximo capítulo, onde desvendaremos o segredo para criar conexões profundas e duradouras com seus clientes através dos benefícios que seu produto ou serviço oferece.

BENEFITS (BENEFÍCIOS): CONECTANDO COM AS NECESSIDADES DO CLIENTE

Chegamos a uma das partes mais cruciais e impactantes da nossa jornada pelo método FAB: a exploração dos benefícios. Se as características são a estrutura e as vantagens são o diferencial, os benefícios são o coração da sua oferta, conectando-se diretamente com as necessidades, desejos e emoções dos seus clientes. Este capítulo é dedicado a transformar as vantagens do seu produto ou serviço em benefícios tangíveis e relevantes, que não só ressoam com o seu público, mas também motivam a ação de compra.

ENTENDENDO OS BENEFÍCIOS

Benefícios são a tradução das características e vantagens do seu produto ou serviço em valor real para o cliente. Eles respondem à pergunta essencial: "Como isso vai melhorar a minha vida?" Diferentemente das características e vantagens, que são focadas no produto ou serviço, os benefícios são inteiramente focados no cliente. Eles são sobre a experiência, a satisfação e a transformação que o cliente vai vivenciar ao fazer a escolha pelo seu produto ou serviço.

COMO IDENTIFICAR OS BENEFÍCIOS

Para identificar os benefícios, comece voltando sua atenção para as necessidades e desejos dos seus clientes. Use o que você sabe sobre eles para entender como as características e vantagens do seu produto podem se traduzir em melhorias concretas em suas vidas ou negócios. Pergunte-se:

- Como isso pode resolver um problema que eles enfrentam?

- Que desejo ou necessidade isso pode satisfazer?

- Como isso pode fazê-los se sentirem?

- Comunicando Benefícios de Forma Eficaz

A comunicação eficaz dos benefícios é a chave para tocar o coração e a mente dos seus clientes. Lembre-se, benefícios efetivos são aqueles que são percebidos como valiosos pelo cliente. Portanto, sua comunicação deve ser clara, direta e, acima de tudo, relevante para as necessidades específicas do seu público. Aqui estão algumas dicas para comunicar benefícios de forma eficaz:

- **Seja específico:** Evite generalizações. Quanto mais específico você for sobre como seu produto ou serviço pode melhorar a vida do cliente, mais convincente será sua mensagem.

- **Use emoção:** As decisões de compra são frequentemente influenciadas por emoções. Portanto, não tenha medo de conectar-se emocionalmente com seus clientes, mostrando como seu produto ou serviço pode trazer felicidade, segurança, conforto ou qualquer outro sentimento positivo.

- **Histórias e testemunhos:** Utilize histórias reais de clientes e testemunhos para ilustrar os benefícios. Isso não só torna os benefícios mais tangíveis, mas também aumenta a credibilidade da sua oferta.

TRANSFORMANDO VANTAGENS EM BENEFÍCIOS

A transformação de vantagens em benefícios é um exercício de empatia e criatividade. Por exemplo, se uma das vantagens do seu produto é a sua durabilidade (uma característica é que ele é feito com materiais de alta qualidade), o benefício para o cliente pode ser a economia de dinheiro a longo prazo e a tranquilidade de não ter que substituir o produto frequentemente.

CONVIDANDO PARA O PRÓXIMO CAPÍTULO

Com uma compreensão profunda dos benefícios que seu produto ou serviço oferece, você está agora equipado para se conectar de forma mais significativa com seus clientes. Mas nossa jornada não termina aqui. No próximo capítulo, "**APLICANDO FAB EM DIFERENTES CENÁRIOS DE VENDA**", vamos explorar como adaptar o método FAB a diversos contextos de venda, garantindo que sua comunicação seja sempre relevante e impactante, seja em vendas B2B ou B2C.

Está pronto para levar suas habilidades de venda a um novo nível, aplicando o método FAB de forma estratégica em diferentes cenários de venda? Acompanhe-me no próximo capítulo, onde desbravaremos novos territórios e descobriremos como maximizar o impacto do seu esforço de vendas. Vamos juntos!

APLICANDO FAB EM DIFERENTES CENÁRIOS DE VENDA

Dominar o método FAB é apenas o início. A verdadeira arte e ciência da venda vêm ao adaptar esses princípios aos diversos cenários e clientes com os quais você se depara. Neste capítulo, exploraremos como o FAB pode ser personalizado e aplicado tanto em vendas B2B (Business to Business) quanto B2C (Business to Consumer), garantindo que sua mensagem seja sempre relevante, impactante e, acima de tudo, convincente para o seu público-alvo.

FAB EM VENDAS B2B

Nas vendas B2B, as decisões de compra são muitas vezes tomadas com base em critérios racionais e análises de custo-benefício. Aqui, as características e vantagens do seu produto ou serviço frequentemente ganham destaque, mas é crucial não esquecer dos benefícios tangíveis e específicos que ressoam com as necessidades empresariais do seu cliente.

- **Personalize a aplicação do FAB:** Entenda as metas, desafios e o ambiente operacional do seu cliente B2B. Personalize sua apresentação do FAB para destacar como seu produto ou serviço pode ajudar a atingir suas metas, superar desafios ou melhorar eficiências.

- **Enfatize ROI e eficiência:** Nos negócios, o retorno sobre o investimento (ROI) e a eficiência operacional são cruciais. Traduza as características e vantagens do seu produto em benefícios que falem diretamente a esses pontos, como economia de custos, aumento de produtividade ou mitigação de riscos.

FAB EM VENDAS B2C

Em contraste, as vendas B2C muitas vezes tocam mais nas emoções e experiências pessoais do consumidor. Aqui, os benefícios do seu produto ou serviço precisam ser apresentados de uma maneira que fale diretamente aos desejos, necessidades e sonhos do consumidor individual.

- **Conexão emocional é chave:** Utilize histórias e cenários que demonstrem os benefícios do seu produto de forma a criar uma conexão emocional. Mostre como o seu produto pode enriquecer a vida do consumidor, trazer felicidade, conforto, segurança, ou qualquer outro estado emocional desejado.

- **Destaque conveniência e estilo de vida:** Para muitos consumidores, a conveniência e a melhoria no estilo de vida são benefícios altamente atrativos. Mostre como as características do seu produto traduzem-se em vantagens que se encaixam e melhoram o dia a dia do consumidor.

ADAPTANDO O FAB AOS DIVERSOS CANAIS DE VENDA

Além de adaptar o FAB ao tipo de venda (B2B ou B2C), é essencial considerar o canal através do qual a venda está sendo realizada. Seja em uma loja física, online, através de um representante de vendas ou em um evento, a apresentação do seu FAB deve ser ajustada para se adequar ao meio e ao momento da interação com o cliente.

- **Online:** Em canais online, onde o espaço é limitado e a atenção do consumidor é curta, comece com os benefícios mais impactantes, seguidos de vantagens e características em formatos de fácil digestão, como listas ou infográficos.

- **Presencial:** Em interações face a face, use o feedback imediato do cliente para adaptar sua apresentação do FAB em tempo real, focando nos aspectos que parecem ressoar mais com ele.

Com uma compreensão sólida de como aplicar o método FAB em diferentes cenários de venda, você está bem equipado para comunicar o valor do seu produto ou serviço de forma eficaz, independentemente do cliente ou do canal. Mas a jornada não termina aqui. No próximo capítulo, "**COMUNICAÇÃO EFICAZ USANDO FAB**", vamos aprofundar como você pode aprimorar ainda mais sua comunicação de vendas, utilizando o FAB para criar mensagens que são não apenas claras e persuasivas, mas também profundamente focadas no cliente.

Prepare-se para explorar técnicas e estratégias que elevarão sua habilidade de comunicação a um novo patamar, garantindo que suas mensagens de venda sejam sempre recebidas, entendidas e, o mais importante, atuem como um catalisador para a ação. Vamos nessa?

COMUNICAÇÃO EFICAZ USANDO FAB

Agora que exploramos como adaptar o método FAB a diversos cenários de venda, vamos nos aprofundar na arte da comunicação eficaz. Este capítulo foca em como utilizar o FAB para criar mensagens de vendas que não só captam a atenção do seu cliente, mas também motivam a ação de compra. A comunicação eficaz vai além de simplesmente transmitir informações; trata-se de conectar, persuadir e envolver seu público de maneira significativa.

COMPREENDENDO A COMUNICAÇÃO EFICAZ

A comunicação eficaz em vendas é aquela que alcança três objetivos principais:

- **Clareza:** Sua mensagem deve ser compreendida sem esforço. Isso significa evitar jargões técnicos desnecessários e explicar as características, vantagens e benefícios de forma simples e direta.

- **Persuasão:** Além de entender o que você está oferecendo, o cliente deve sentir-se compelido a agir. Isso é conseguido mostrando como os benefícios do seu produto ou serviço atendem às suas necessidades e desejos específicos.

- **Foco no cliente:** Toda comunicação deve ser moldada em torno das necessidades, interesses e emoções do cliente. Isso significa falar menos sobre "nós" e mais sobre "você".

ESTRATÉGIAS PARA UMA COMUNICAÇÃO FAB EFICAZ

- **Personalize a mensagem:** Use o que você sabe sobre seu cliente para personalizar sua mensagem. A personalização pode aumentar significativamente a eficácia da sua comunicação, tornando-a mais relevante e atraente para o destinatário.

- **Use histórias:** As pessoas são naturalmente atraídas por histórias. Integrar o método FAB em uma narrativa que exemplifica como seu produto ou serviço melhorou a vida de alguém pode ser extremamente persuasivo.

- **Demonstre empatia:** Mostre que você entende as preocupações e desejos do seu cliente. Ao comunicar os benefícios, faça-o de uma maneira que ressoe emocionalmente, demonstrando empatia e compreensão.

- **Faça perguntas:** Perguntas não só ajudam a envolver o cliente na conversa, mas também proporcionam insights valiosos sobre suas necessidades e preocupações, permitindo que você afine sua mensagem ainda mais.

- **Use evidências:** Suporte suas afirmações com dados, testemunhos, estudos de caso ou demonstrações. Isso pode aumentar a credibilidade da sua mensagem e fortalecer seu poder de persuasão.

EVITANDO ARMADILHAS COMUNS

Ao utilizar o método FAB em sua comunicação, é crucial evitar algumas armadilhas comuns, como:

- **Sobrecarga de informações:** Concentre-se nos pontos mais relevantes. Demasiadas informações podem sobrecarregar e confundir o cliente.

- **Falta de foco:** Mantenha a mensagem focada nos benefícios mais importantes para o cliente, evitando desviar-se para características ou vantagens que são de menor interesse.

- **Negligenciar o feedback do cliente:** A comunicação é uma via de mão dupla. Esteja atento às reações do cliente e esteja pronto para ajustar sua mensagem conforme necessário.

Com essas estratégias em mente, você está bem preparado para comunicar o valor do seu produto ou serviço de maneira eficaz e persuasiva. No entanto, até a melhor comunicação pode encontrar obstáculos na forma de objeções por parte dos clientes. No próximo capítulo, "**SUPERANDO OBJEÇÕES COM O MÉTODO FAB**", abordaremos como antecipar e responder a essas objeções, transformando potenciais barreiras em oportunidades para reforçar ainda mais o valor do que você oferece.

Preparado para aprender a arte de transformar dúvidas em decisões de compra? Então, junte-se a mim no próximo passo desta jornada.

SUPERANDO OBJEÇÕES COM O MÉTODO FAB

Enfrentar e superar objeções é uma habilidade essencial para qualquer profissional de vendas. As objeções não são barreiras intransponíveis; são oportunidades para aprofundar o entendimento do cliente sobre o valor do seu produto ou serviço. Neste capítulo, exploraremos como você pode utilizar o método FAB para antecipar e superar essas objeções, transformando dúvidas em confiança e indecisão em ação.

ENTENDENDO AS OBJEÇÕES

Objeções surgem quando os clientes estão incertos ou têm preocupações específicas sobre o seu produto ou serviço. Estas podem variar desde o preço e a relevância até dúvidas sobre a eficácia ou compatibilidade com as necessidades atuais do cliente. Compreender a natureza dessas objeções é o primeiro passo para superá-las.

ANTECIPANDO OBJEÇÕES COM FAB

O método FAB pode ser uma ferramenta poderosa na antecipação de objeções, permitindo que você aborde preocupações potenciais antes mesmo que elas sejam expressas pelo cliente.

- **Features (Características):** Seja claro e detalhado sobre as características do seu produto, mas sempre com o foco em como elas se traduzem em vantagens e benefícios. Isso pode ajudar a mitigar dúvidas sobre a funcionalidade ou a qualidade.

- **Advantages (Vantagens):** Destaque como as características do seu produto se traduzem em vantagens competitivas. Isso pode ajudar a superar objeções relacionadas à preferência por produtos concorrentes.

- **Benefits (Benefícios):** Enfatize os benefícios tangíveis que o cliente irá experimentar. Muitas objeções surgem de uma falha em ver o valor real; portanto, vincule diretamente os benefícios às necessidades e desejos do cliente.

SUPERANDO OBJEÇÕES COM BENEFÍCIOS

Quando enfrentar objeções, concentre-se em reconectar o cliente com os benefícios do seu produto ou serviço. Por exemplo:

Se a objeção for sobre o preço, destaque os benefícios de longo prazo, como economia, durabilidade, ou retorno sobre o investimento, que justificam o preço.

Se a preocupação for sobre a relevância, ilustre como os benefícios do seu produto se alinham com as necessidades ou objetivos específicos do cliente.

UTILIZANDO PERGUNTAS PARA SUPERAR OBJEÇÕES

Perguntas são ferramentas poderosas para lidar com objeções. Elas não só ajudam a esclarecer a natureza exata da preocupação do cliente, mas também oferecem a oportunidade de reenquadrar a conversa em torno dos benefícios. Por exemplo, se um cliente questiona a necessidade do seu produto, uma pergunta como "Quais desafios você enfrenta que nosso produto poderia ajudar a resolver?" pode abrir caminho para uma discussão mais profunda sobre os benefícios.

Com essas estratégias para superar objeções usando o método FAB, você está equipado para transformar dúvidas em decisões de compra afirmativas. Mas o aprendizado e a aplicação do método FAB não param por aqui. No próximo capítulo, "**FERRAMENTAS E RECURSOS PARA APRIMORAR SUA ESTRATÉGIA FAB**", exploraremos uma variedade de ferramentas e recursos que podem auxiliar na implementação eficaz do método FAB, ajudando você a alcançar resultados ainda melhores. Junte-se a nós neste próximo passo, e vamos juntos transformar suas estratégias de vendas em histórias de sucesso.

FERRAMENTAS E RECURSOS PARA APRIMORAR SUA ESTRATÉGIA FAB

Após se inspirar com histórias de sucesso e entender como o método FAB pode ser aplicado de forma eficaz em diferentes cenários, é hora de explorar ferramentas e recursos que podem auxiliar na implementação e aprimoramento de sua estratégia FAB. Estas ferramentas podem variar desde softwares que ajudam na gestão de clientes até técnicas de comunicação que tornam sua mensagem mais clara e impactante.

CRM (CUSTOMER RELATIONSHIP MANAGEMENT)

Um sistema de CRM é essencial para armazenar informações detalhadas sobre seus clientes, permitindo que você personalize suas comunicações com base em suas necessidades e histórico de interações. Utilize o CRM para:

- Segmentar clientes de acordo com características específicas ou estágios na jornada do comprador.

- Registrar e analisar feedbacks para refinar suas estratégias de vendas FAB.

- Monitorar o progresso de cada cliente no funil de vendas e adaptar sua abordagem conforme necessário.

ANÁLISE DE DADOS E FERRAMENTAS DE INTELIGÊNCIA DE MERCADO

Ferramentas de análise de dados e inteligência de mercado podem fornecer insights valiosos sobre tendências do setor, preferências do consumidor e comportamento do cliente. Use essas informações para:

- Identificar características do produto que são mais valorizadas pelos clientes.

- Descobrir novas vantagens competitivas com base nas tendências de mercado.

- Personalizar os benefícios comunicados aos diferentes segmentos de clientes.

SOFTWARE DE AUTOMAÇÃO DE MARKETING

A automação de marketing pode ser uma ferramenta poderosa para entregar mensagens personalizadas que comunicam o FAB de seu produto ou serviço. Com ela, você pode:

- Criar campanhas de e-mail segmentadas que focam em diferentes aspectos do FAB para diferentes audiências.

- Automatizar o acompanhamento com prospects, oferecendo informações adicionais sobre os benefícios do seu produto conforme eles avançam pelo funil de vendas.

- Utilizar landing pages personalizadas para destacar aspectos específicos do FAB, baseando-se no interesse prévio do cliente.

TREINAMENTO E DESENVOLVIMENTO DE VENDAS

Investir em treinamento e desenvolvimento contínuo é crucial para assegurar que sua equipe de vendas esteja apta a comunicar efetivamente o FAB de seus produtos ou serviços. Considere:

- Workshops e seminários sobre técnicas de vendas baseadas no método FAB.

- Cursos online para aprimorar habilidades de comunicação e persuasão.

- Treinamentos específicos sobre como utilizar ferramentas tecnológicas para aprimorar a estratégia de vendas.

MATERIAL DE APOIO E CONTEÚDO EDUCACIONAL

Desenvolver materiais de apoio e conteúdo educacional, como infográficos, vídeos explicativos e estudos de caso, pode ajudar a comunicar o FAB de maneira clara e engajante. Esses materiais podem ser usados para:

- Apoiar argumentos de venda durante apresentações ou reuniões com clientes.

- Oferecer conteúdo valioso em websites e redes sociais para atrair e educar potenciais clientes.

- Servir como recursos de treinamento interno para sua equipe de vendas.

Com essas ferramentas e recursos, você está mais bem equipado para implementar uma estratégia de vendas FAB eficaz, personalizada para atender às necessidades de seus clientes e destacar-se no mercado. No entanto, a implementação do FAB não termina com a escolha das ferramentas certas. No próximo capítulo, "**INTEGRANDO FAB NA JORNADA DO CLIENTE**", exploraremos como tecer os princípios FAB em cada etapa da jornada do cliente, criando uma experiência de compra coesa e centrada no cliente que impulsiona o engajamento e a conversão. Preparado para dar o próximo passo? Vamos juntos nessa jornada.

INTEGRANDO FAB NA JORNADA DO CLIENTE

A jornada do cliente é um mapa das etapas pelas quais um potencial cliente passa, desde o primeiro contato com sua marca até o pós-venda e além. Integrar o método FAB em cada etapa dessa jornada não apenas enriquece a experiência do cliente, mas também aumenta significativamente as chances de conversão e fidelização. Neste capítulo, vamos explorar como aplicar o método FAB de forma estratégica em diferentes pontos de contato da jornada do cliente.

CONSCIÊNCIA: DESPERTANDO O INTERESSE COM BENEFÍCIOS

Na fase inicial, o potencial cliente está se tornando consciente de suas necessidades ou problemas. É aqui que os benefícios do seu produto ou serviço devem brilhar.

- **Estratégia FAB:** Concentre-se em conteúdos educativos que destacam os benefícios de forma sutil, mostrando como a vida do cliente pode melhorar. Utilize artigos de blog, posts em redes sociais e vídeos explicativos que abordem os problemas que seu produto ou serviço resolve, sempre apontando para os benefícios de forma indireta.

CONSIDERAÇÃO: MOSTRANDO VANTAGENS

Neste estágio, o cliente já reconhece o problema e começa a considerar as opções disponíveis. Aqui, as vantagens do seu produto ou serviço devem ser apresentadas de forma clara.

- **Estratégia FAB:** Desenvolva materiais de comparação, estudos de caso e webinars que demonstrem as vantagens do seu produto em relação aos concorrentes. Mostre como suas características únicas se traduzem em vantagens tangíveis para o cliente.

DECISÃO: CONVENCENDO COM CARACTERÍSTICAS

Quando o cliente está pronto para tomar uma decisão, ele precisa entender completamente o que seu produto ou serviço oferece. As características específicas tornam-se cruciais aqui.

- **Estratégia FAB:** Ofereça demos, fichas técnicas detalhadas e testemunhos que enfatizem as características únicas do seu produto ou serviço. Certifique-se de que o cliente entenda como essas características atendem às suas necessidades específicas, levando às vantagens e benefícios.

COMPRA: FACILITANDO A AÇÃO

No momento da compra, o foco deve estar em tornar o processo o mais simples e tranquilo possível. Reitere os benefícios para reforçar a decisão do cliente.

- **Estratégia FAB:** Simplifique o processo de compra e ofereça suporte proativo. Utilize lembretes dos benefícios em sua comunicação de checkout, como e-mails de carrinho abandonado, para motivar a conclusão da compra.

RETENÇÃO: FORTALECENDO A RELAÇÃO

Após a compra, o objetivo é reter esse cliente e transformá-lo em um defensor da sua marca. Aqui, a reiteração dos benefícios e a demonstração contínua de vantagens e características são fundamentais.

- **Estratégia FAB**: Envie comunicações pós-venda que reforcem o valor que o cliente recebeu e apresentem novos produtos ou serviços que podem ser de seu interesse. Implemente programas de fidelidade que recompensem os clientes por repetir negócios e referências, sempre destacando os benefícios de permanecerem como seus clientes.

Integrar o método FAB em cada etapa da jornada do cliente cria uma experiência de compra rica e envolvente, aumentando as chances de sucesso nas vendas e na fidelização de clientes. Com essa abordagem, você não apenas atende às necessidades do cliente, mas também supera suas expectativas, criando uma base sólida para um relacionamento duradouro.

No próximo capítulo, **"DESENVOLVIMENTO CONTÍNUO: APERFEIÇOANDO SUA ABORDAGEM FAB"**, vamos discutir como você pode continuar refinando e aperfeiçoando sua aplicação do método FAB, garantindo que suas estratégias de vendas permaneçam eficazes e relevantes no mercado em constante mudança. Prepare-se para explorar técnicas avançadas e estratégias de aprimoramento contínuo. Vamos juntos dar mais um passo nessa jornada de crescimento e sucesso.

DESENVOLVIMENTO CONTÍNUO: APERFEIÇOANDO SUA ABORDAGEM FAB

A aplicação eficaz do método FAB não termina com a sua implementação inicial. O mercado está em constante evolução, assim como as necessidades e expectativas dos clientes. Portanto, para manter suas estratégias de vendas eficazes e relevantes, é crucial adotar uma postura de desenvolvimento contínuo. Este capítulo foca em como você pode aprimorar e refinar continuamente sua abordagem FAB, garantindo que ela permaneça alinhada com as tendências do mercado e as demandas dos clientes.

AVALIAÇÃO E FEEDBACK

Uma parte vital do desenvolvimento contínuo é a avaliação regular da eficácia de suas estratégias FAB. Isso envolve coletar e analisar feedback de clientes, bem como medir o desempenho de vendas.

- **Estratégia FAB:** Implemente pesquisas de satisfação do cliente e grupos focais para entender como seu mercado-alvo percebe as características, vantagens e benefícios do seu produto ou serviço. Use essas informações para ajustar sua mensagem e abordagem.

TREINAMENTO E EDUCAÇÃO CONTÍNUA

Para que sua equipe de vendas possa comunicar efetivamente o FAB, ela precisa estar constantemente atualizada sobre o produto ou serviço, bem como sobre técnicas de vendas eficazes.

- **Estratégia FAB:** Invista em programas de treinamento regular para sua equipe de vendas, focando tanto no aprimoramento de habilidades de vendas quanto no conhecimento profundo do produto. Isso pode incluir workshops, cursos online e sessões de coaching.

ADAPTAÇÃO ÀS MUDANÇAS DO MERCADO

O mercado e as tecnologias estão sempre mudando, o que pode impactar diretamente as características, vantagens e benefícios percebidos do seu produto ou serviço.

- **Estratégia FAB:** Mantenha-se informado sobre as tendências do mercado e as inovações tecnológicas. Esteja pronto para adaptar rapidamente sua estratégia FAB para manter sua oferta competitiva e relevante.

INTEGRAÇÃO DE NOVAS FERRAMENTAS E TECNOLOGIAS

À medida que novas ferramentas e tecnologias se tornam disponíveis, elas podem oferecer novas oportunidades para aprimorar sua estratégia FAB.

- **Estratégia FAB:** Explore regularmente novas ferramentas de CRM, software de análise de dados e plataformas de automação de marketing. Avalie como elas podem ser integradas em sua estratégia de vendas para melhorar a comunicação e a personalização das mensagens FAB.

FOMENTANDO UMA CULTURA DE INOVAÇÃO

Para realmente aperfeiçoar sua abordagem FAB, é essencial cultivar uma cultura organizacional que valorize a inovação, a aprendizagem contínua e a adaptação.

- **Estratégia FAB:** Encoraje a equipe a experimentar novas abordagens e a compartilhar aprendizados. Celebre as inovações bem-sucedidas e aprenda com os erros sem penalizar a tomada de riscos calculados.

Ao adotar uma abordagem de desenvolvimento contínuo, você assegura que sua estratégia FAB não apenas mantenha sua eficácia, mas também se torne cada vez mais refinada e alinhada com as necessidades do seu público. No próximo capítulo, **"PLANO DE AÇÃO DE 30 DIAS PARA IMPLEMENTAÇÃO DO FAB"**, vamos consolidar tudo o que aprendemos em um guia prático passo a passo, projetado para ajudá-lo a implementar ou revitalizar sua estratégia FAB de forma eficaz. Este plano de ação será sua bússola, guiando-o através dos estágios essenciais para transformar as características em benefícios vencedores que impulsionam decisões de compra. Prepare-se para colocar em prática o conhecimento adquirido e ver os resultados em primeira mão. Vamos começar?

PLANO DE AÇÃO DE 30 DIAS PARA IMPLEMENTAÇÃO DO FAB

A implementação efetiva do método FAB em suas estratégias de vendas pode transformar a maneira como você se conecta com seus clientes e impulsiona decisões de compra. Este capítulo oferece um plano de ação de 30 dias, projetado para ajudá-lo a aplicar os princípios do FAB de forma prática e sistemática em seu processo de vendas.

DIA 1-5: IMERSÃO E ANÁLISE

Objetivo: Compreender profundamente seu produto ou serviço e o mercado.

- Dia 1: Liste todas as características do seu produto ou serviço. Inclua tudo, desde especificações técnicas a atributos menos tangíveis.

- Dia 2-3: Identifique as vantagens que cada característica oferece, focando em como elas se diferenciam da concorrência.

- Dia 4-5: Traduza as vantagens em benefícios claros e tangíveis para o cliente. Concentre-se em como esses benefícios atendem às necessidades, desejos ou problemas do seu público-alvo.

DIA 6-10: DESENVOLVIMENTO DE MENSAGENS FAB

Objetivo: Criar mensagens de vendas que comunicam efetivamente o FAB.

- Dia 6-7: Desenvolva várias versões da sua mensagem FAB, adaptadas para diferentes segmentos de clientes.

- Dia 8: Solicite feedback da equipe sobre as mensagens desenvolvidas e ajuste conforme necessário.

- Dia 9-10: Prepare materiais de vendas e marketing que incorporem suas mensagens FAB, incluindo scripts de vendas, conteúdo para sites e materiais promocionais.

DIA 11-15: TREINAMENTO DA EQUIPE

Objetivo: Assegurar que toda a equipe compreenda e saiba como comunicar o FAB.

- Dia 11-12: Realize sessões de treinamento para apresentar o conceito FAB e discutir as novas mensagens e materiais.

- Dia 13: Faça role-playing de cenários de vendas para praticar a comunicação do FAB.

- Dia 14-15: Colete feedback da equipe, discuta dúvidas e faça ajustes nas estratégias conforme necessário.

DIA 16-20: IMPLEMENTAÇÃO E FEEDBACK INICIAL

Objetivo: Começar a usar as estratégias FAB em interações reais com clientes e coletar feedbacks iniciais.

- Dia 16-18: Implemente as mensagens FAB em todas as comunicações com o cliente, desde interações de vendas até marketing digital.

- Dia 19-20: Avalie as primeiras respostas dos clientes às novas mensagens. Use esses insights para fazer ajustes rápidos.

DIA 21-25: ANÁLISE E AJUSTE

Objetivo: Avaliar o desempenho e refinar sua abordagem FAB.

- Dia 21-22: Analise dados de vendas, feedback de clientes e performance de marketing. Identifique padrões ou áreas para melhoria.

- Dia 23-24: Faça ajustes nas mensagens, estratégias ou materiais com base em sua análise.

- Dia 25: Realize uma sessão de revisão com a equipe para compartilhar aprendizados e atualizações.

DIA 26-30: PLANEJAMENTO PARA ESCALA

Objetivo: Preparar para expandir e escalar sua estratégia FAB.

- Dia 26-27: Desenvolva um plano para incorporar o FAB em maior escala, considerando diferentes canais de vendas e marketing.

- Dia 28: Identifique ferramentas ou recursos adicionais que podem apoiar a implementação do FAB em larga escala.

- Dia 29-30: Revise e finalize o plano de expansão. Estabeleça metas e KPIs para avaliar o sucesso contínuo de sua estratégia FAB.

Ao seguir este plano de ação de 30 dias, você estabeleceu uma sólida fundação para implementar o método FAB em suas estratégias de vendas. Prepare-se para levar suas habilidades de vendas a novos patamares, aplicando o aprendizado de forma consistente e inovadora. Lembre-se, a chave para o sucesso contínuo é a adaptação e o refinamento constantes.

Ao virarmos a última página desta jornada juntos, espero sinceramente que os aprendizados compartilhados aqui tenham tocado seu coração e despertado novas perspectivas. Se este livro lhe trouxe algum valor, peço gentilmente que dedique alguns momentos para deixar sua avaliação na Amazon. Suas palavras não apenas me ajudam a crescer e aprimorar minha arte, mas também guiam outros leitores em suas buscas por conhecimento e inspiração. Sua opinião é um presente valioso, tanto para mim quanto para a comunidade de leitores em busca de histórias que transformam. Agradeço de coração por compartilhar esta jornada comigo e espero que possamos nos encontrar novamente nas páginas de uma nova aventura.

REGINALDO OSNILDO

Olá, sou Reginaldo Osnildo, autor e inovador nas áreas de vendas, tecnologia, e estratégias de comunicação. Minha experiência abrange desde o ambiente acadêmico, como professor e pesquisador na Universidade do Sul de Santa Catarina, até a prática como estrategista no Grupo Catarinense de Rádios. Com um doutorado em narrativas de vendas e convergência digital, e um mestrado em storytelling e imaginário social, eu trago para meus leitores uma fusão única entre teoria e prática. Meu objetivo é fornecer conhecimento em uma linguagem simples, prática e didática, incentivando a aplicação direta na vida pessoal e profissional.

Atenciosamente

Prof. Dr. Reginaldo Osnildo

+55 48 991913865

reginaldoosnildo@gmail.com

Olá, sou Reginaldo Osnildo, autor e inovador nas áreas de vendas, tecnologia, e estratégias de comunicação. Minha experiência abrange desde o ambiente acadêmico, como professor e pesquisador na Universidade do Sul de Santa Catarina, até a prática como estrategista no Grupo Catarinense de Rádios. Com um doutorado em narrativas de vendas e convergência digital, e um mestrado em storytelling e imaginário social, eu trago para meus leitores uma fusão única entre teoria e prática. Meu objetivo é fornecer conhecimento em uma linguagem simples, prática e didática, incentivando a aplicação direta na vida pessoal e profissional.

Prepare-se para mergulhar nas profundezas do Método FAB (Features, Advantages, Benefits) com este guia definitivo projetado para profissionais de vendas ambiciosos e inovadores. "**Método FAB: como transformar características em benefícios que geram vendas**" não é apenas um livro; é um manual prático que ilumina o caminho para vendas impactantes e conexões autênticas com seus clientes.

Através de estratégias práticas e insights aprofundados, este livro o guiará por uma transformação em como você apresenta produtos ou serviços, destacando o valor incomparável que eles oferecem. Você aprenderá a articular claramente as características, transformá-las em vantagens competitivas palpáveis, e, mais crucialmente, converter essas vantagens em benefícios que ressoam profundamente com as necessidades e desejos dos seus clientes.